DE
L'OPPOSITION
DES SALONS
ET DE
LA CONFISCATION
DES
BIENS DE LA FAMILLE D'ORLÉANS

PAR JULES DORCEL.

> Le Français étant incapable de délibération froide, l'est aussi d'un gouvernement libre où chacun doit discuter avec poids et mesure.
>
> (MALLET DU PAN.)
>
> Firmanda sunt concordiâ bona, et discordiæ mala expellenda.
>
> (SALLUSTE.)

SOMMAIRE.

L'Opinion avant le vote du 20 Décembre. — L'Opinion après le vote. — L'Opposition des Salons. — Le besoin d'Opposition en tout temps. — La Garde nationale. — La Confiscation des biens de la famille d'Orléans. — Coup-d'œil sur la Législation des Domaines de la Couronne. — Historique des Biens de la famille d'Orléans. — La Confiscation en droit, en morale, en politique. — Le Socialisme gouvernemental. — Les Réformes administratives. — L'Abolition des Octrois. — L'Income-tax. — Le Prince Louis-Napoléon. — Ce qu'on appelle l'entourage. — Les Décrets de bannissement. — L'État de Siége. — L'Opposition des Femmes. — Les Élections du 29 Février. — M. Véron. — Conclusion.

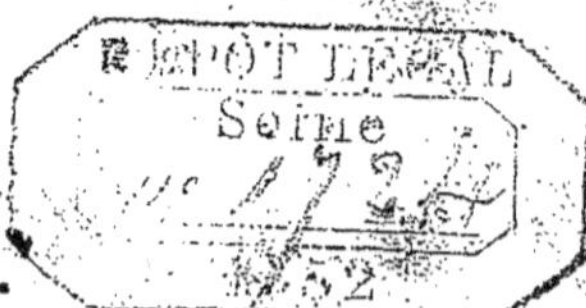

PRIX : UN FRANC.

PARIS.
DENTU, ÉDITEUR,
PALAIS-ROYAL, GALERIE D'ORLÉANS, 13.

1852

Je n'ai la prétention de faire ni une œuvre de style,—ni un traité de politique.

Je crois la direction de certains esprits injuste envers Louis-Napoléon; — je la crois fâcheuse, fatale pour le pays; — j'ai voulu le dire.

Chacun se perd au milieu des théories gouvernementales : nous avons la science du sophisme, — nous n'avons pas celle du bon sens.

J'ai donc fait bon marché de la forme prétentieuse du rhéteur; — j'ai essayé d'écrire une causerie bien plus qu'une argumentation.

Je suis napoléonien depuis long-temps, bien avant qu'on ne puisse l'imaginer.

J'ai puisé mes convictions dans l'étude, dans mes traditions de famille, et, déjà, sous Louis-Philippe, moi, second ou troisième au plus, — je défendais la cause du prince Louis-Napoléon. — J'ai cependant préféré, dans cette brochure, faire souvent abnégation de mes sympathies personnelles, faire table rase de mes convictions sincères pour passer les événements et leurs résultats au crible d'un impartial examen.

C'est que j'ai cru ainsi rentrer plus avant dans les mœurs de chacun.

Il m'a semblé qu'en politique il fallait se placer sur un terrain acceptable pour tous; il fallait pouvoir dire : — J'écris sans prévention; — je n'ai ni haine, ni fanatisme; — je juge et c'est tout.

Jules Dorcel.

I.

Le coup d'État du 2 décembre est tombé depuis trois mois dans le domaine de l'histoire.

Un vote sans exemple a consacré une des révolutions les plus extraordinaires qui aient été subies par la France depuis soixante ans ; guidé par l'instinct de son salut, guidé par les croyances populaires, le pays, dans une immense acclamation, a légitimé un pouvoir qui, puisant son droit dans sa force et dans sa conscience, avait violemment renversé les institutions pour, — momentanément il est vrai, — s'établir seul sur leurs débris.

Un peuple tout entier s'est levé pour applaudir à cette violation flagrante du droit et de la légalité.

Un peuple tout entier s'est levé et a dit à un homme :

« Tu as confisqué tous les pouvoirs au profit du tien seul, — ces
» pouvoirs, — garde-les.

» Les institutions, tu les as détruites, — refais-les à ta fantaisie ; —
» les Chambres, tu les a dissoutes, — rétablis-les à ton gré ; — les
» lois qui te gênaient, tu les as effacées d'un trait de plume, — éla-
» bore-les à ta volonté ; — enfin, sois seul maître, sois seul puissant ;
» car en toi nous avons confiance, car en ton honneur nous avons
» foi, et nous venons te dire : — Merci pour ce que tu as fait, merci
» pour ce que tu feras, merci surtout pour ce que tu empêcheras
» de faire. »

Telle était bien, je crois, la disposition des esprits lors du vote du 20 décembre.

Quels que soient les partis qui partagent la France, — royalistes, républicains, orléanistes, — tous ont déposé leur bulletin affirmatif dans l'urne du scrutin, — tous, sinon joyeux, — au moins forts de cette conviction raisonnée, que rien ne pouvait affaiblir : « Le Pré-
» sident tombé, nous arrivons, non pas même à l'inconnu, — l'in-
» connu eût peut-être été une espérance, — nous arrivons au mas-
» sacre, au pillage, aux saturnales de 1793, avec cinquante années
» de perfectionnement. »

Somme toute, au 20 decembre, les uns, — et ceux-là sont nombreux, — ont voté oui par reconnaissance du passé, les autres ont voté oui par crainte de l'avenir.

Il semblait, dès lors, que tous devaient s'appliquer à applanir les difficultés à un pouvoir consacré par une telle unanimité.

On devait le croire, — le gouvernement plus que tout autre, lui qui était appuyé par sept millions et demi de suffrages.

Et cependant, depuis le jour même du dépouillement du scrutin, une certaine opposition parlant bas à l'oreille, une opposition qui se cache pour mieux grandir, gronde sourdement dans la cité, se laisse plutôt deviner qu'elle ne se fait sentir. — Cette opposition, que je dirais ingrate, si l'ingratitude comptait encore pour quelque chose, est née dans les salons de Paris ; elle y vit : — puisse-t-elle y mourir !

— Pour mieux conserver le cachet de son origine, elle a pris pour nom le lieu de sa naissance, elle s'appelle : — *l'opposition des salons*.

Hier encore, il n'y avait plus de presse : les conversations particulières avaient remplacé les premier-Paris.

Donc, que le *National* se fût réfugié dans le salon de M. tel ou tel, — que l'*Opinion publique* eût établi ses bureaux dans la chambre à coucher de quelque vieille douairière, — que l'*Ordre* eût élu domicile dans un premier quelconque de la Chaussée-d'Antin, — c'était chose simple et naturelle ; cela devait être ainsi, — et je ne m'en étonne guère.

Mais que la masse des braves gens, qui, d'ordinaire, ont pour opinion de ne pas en avoir, — mais que les honnêtes bourgeois, d'habitudes si calmes, si placides, si débonnaires, prennent aujourd'hui fait et cause pour de vieilles rancunes dans lesquelles ils n'ont rien à voir, pour des idées folles qui n'existent plus que dans le cerveau timbré de quelque antiquaire, de quelque numismate, — voilà ce qu'en vérité je ne saurais expliquer autrement que par ce besoin de puérile contradiction qui semble être inhérent au caractère du peuple le plus spirituel de la terre.

On l'a dit sur tous les tons, — les Français sont comme les Athéniens, légers, frivoles, brisant aujourd'hui, sans motif, l'idole qu'ils avaient élevée hier sans raison, sacrifiant au caprice de leurs fantaisies les services rendus, les obligations contractées, — bien plus encore, leur intérêt, leur fortune, jusqu'à leur existence.

Ce parallèle, établi tant de fois, est inutile à développer encore ; mais, s'il fallait rechercher le principe qui, à Paris, comme à Athènes, a engendré ces fâcheuses tendances, peut-être le trouverait-on dans l'abus de l'esprit en matière politique.

Or, à Paris, où la population se partage encore, à l'heure qu'il est, en quatre grandes catégories bien distinctes, tout le monde fait de l'esprit, partant de l'opposition.

Quand je désigne quatre grandes catégories, je ne compte pas, bien entendu, quelques hobereaux, voltigeurs de 1788, classe de polypes pétrifiés dont on ne parle que pour mémoire.

Mais, en les laissant entourés de cette pénombre politique, à travers laquelle ils gesticulent, à la façon des fantômes de théâtre, sans effrayer personne, nous avons encore :

— Les fils de quelques grands noms, qui, mêlés aux illustrations militaires, commerciales, financières, à quelques hommes de talent, forment ce qu'on appelle la haute société parisienne ;

— Puis viennent les médecins, les avocats, les rentiers, quelques négociants ;

— Le petit commerce ;

— Enfin, les ouvriers, le peuple de Paris.

Le peuple seul est resté conséquent avec lui-même ; — il a voté pour le pouvoir, il continue à marcher avec lui, à le soutenir.

Les trois autres classes, en répandant les bruits les plus absurdes, en blâmant indistinctement tous les actes du gouvernément, témoignent chaque jour de leur hostilité contre le Président de la République.

Quels sont donc les graves motifs de haine qui ont été vous troubler, — vous, jusque dans vos steeple-chase, — vous, au milieu de vos parties de wisth, — vous, enfin, dans cet innocent exercice du loto, — pour vous transformer, les uns et les autres, en frondeurs et en mécontents?

Ces motifs existent-ils dans la réalité, ou serait-ce tout simplement la suite de ce vieux rôle d'opposition que les Parisiens répètent depuis bientôt deux cents ans, et qu'ils ne peuvent se décider à oublier?

Un rapide coup-d'œil jeté sur notre passé va répondre à cette question.

II.

A toutes les époques de notre histoire, l'opposition parisienne a cru jouer un grand rôle.

Richelieu craignit un instant que la fameuse journée des dupes ne le jetât à tout jamais en dehors de l'arène politique; — Mazarin eut à soutenir des luttes formidables, et lorsque, plus tard, Louis XIV eut tout plié sous son sceptre, la cour fit de l'opposition littéraire et religieuse, ne pouvant plus faire mieux.

Le roi des Halles, le duc de Beaufort, fut remplacé par Saint-Simon; — à la duchesse de Longueville succéda madame Deshoulières, l'ennemie de Racine; — à la belle de Chevreuse, l'extatique madame Guyon; — Fénélon fut mis à l'index pour *Télémaque* et les *Maximes des Saints*, comme autrefois le coadjuteur de Gondi avait été honni pour son *bréviaire hétérodoxe*; enfin, la querelle de Port-Royal, les Molinistes et Jansénistes faisaient tout autant de bruit que, plusieurs années auparavant, la guerre de la Fronde faisait de tapage, — que l'exécution de Chalais soulevait de colères et faisait couler de larmes.

Puis, sous Louis XV, la ville se sépara en deux camps, et, comme au temps d'Armagnac et de Bourgogne, on s'insultait au nom de Choiseul pour se battre au nom d'Aiguillon; et tous tenaient à occuper une place dans le grand quadrille des Cotillons de tous les numéros. — Pendant ce temps, Voltaire, Diderot, d'Alembert, Jean-Jacques, sapaient à grands coups les fondations de cette société discoureuse et bel esprit qui devait s'éteindre occupée de caquets et de mesquines oppositions.

Eh bien! ces gens, qui ne s'inquiétaient pas toujours de choses bien dignes, je les excuse, jusqu'à un certain point je les comprends.

Un jour, ces derniers gentilshommes réveillés de leur torpeur au bruit périodique du sanglant échafaud révolutionnaire, — ont essayé de défendre pied à pied leurs priviléges, leur fortune, leur vie et surtout la royauté, dernier symbole de croyance {que leur eussent légué leurs pères ; — après avoir protégé *les encyclopédistes*, après avoir applaudi à la première représentation du *Mariage de Figaro*, ils prirent à deux mains leur vaillante épée et allèrent en Vendée mourir pour une cause à jamais perdue. — Ceux-là étaient dans leur rôle.

Sous l'Empereur même, lorsque chaque famille avait payé de son sang un peu de notre gloire, je comprends les désespoirs de ces mères éplorées. — Elles se préoccupaient peu de savoir si la France avait besoin de leurs enfants ; — les conscriptions se levaient au nom d'un homme, et c'était cet homme qu'elles accusaient.

La Restauration avait froissé le sentiment national dans tout ce qu'il a de plus digne, de plus saint ; Louis XVIII était revenu au milieu des baïonnettes étrangères ; vingt-cinq années de gloire étaient effacées par le malheur d'un seul jour ; — à la suite du nouveau roi, se traînaient de vieilles idées, qu'on pouvait défendre en 93, mais qui, en 1818, ressemblaient beaucoup à de l'aliénation mentale : — l'opposition était alors une obligation nationale.

Louis-Philippe arriva au trône grâce à un compromis bâtard entre les institutions monarchiques et les institutions républicaines ; et là encore je comprends l'opposition des partisans du droit divin. Un bouleversement complet les eût laissés sans espérances, mais ils devaient les conserver toutes en voyant s'établir une légitimité de raccroc entée sur les bases d'une royauté de rencontre.

Mais, — en 1852, — rien de tout cela n'est plus.

Les temps où l'on considérait le prince Louis-Napoléon comme devant préparer le retour d'une des deux dynasties ; — ces temps-là sont bien passés.

Les mots de monarchistes ou de constitutionnels n'ont plus de valeur aujourd'hui.

La République est, — elle existe, et l'ère napoléonienne ne laisse d'espoir ni à la royauté du droit divin, ni à la royauté constitutionnelle.

Aucune des causes d'opposition qui ont troublé le pays sous les précédents gouvernements n'existent plus aujourd'hui, — aucune autre cause analogue ne peut être invoquée.

Où sont les échafauds ?

Où sont les terribles guerres qui décimaient les familles ?

Où est le pouvoir imposé par l'étranger ?

Qu'est devenue la corruption de nos dernières années ?

Tout cela est un triste passé que rien ne fait plus revivre ; et c'est en vain que je recherche scrupuleusement les motifs sérieux d'une opposition qui n'a plus de raison d'être sous un gouvernement — de sécurité intérieure, — de paix, — de nationalité, — de franchise.

Il me faut donc arriver à croire que votre mécontentement systématique, ô bourgeois de Paris, tient à des causes toutes personnelles d'amour-propre blessé, à des considérations infimes d'ambition déçue.

Au 2 décembre, l'annihilation politique de la garde nationale, — ce joujou inventé par le régime constitutionnel, et qui devait lui jouer un si vilain tour, — a laissé votre cœur plein de regrets.

Plus tard, le licenciement et la réorganisation de cette grande institution n'a pas soulevé moins de tempêtes.

Dans votre orgueil blessé, vous caporal de votre compagnie, — vous lieutenant superbe qui abusiez de l'uniforme pour joncher votre route de Cydalises et de Celimènes ; vous avez déversé vos fiels et vos colères sur le gouvernement : — Et le sauveur du 20 décembre est devenu l'iconoclaste du 11 janvier.

III.

Il serait grandement inutile de faire ici l'histoire de la garde nationale depuis l'époque de sa création.

En 1830 seulement, l'importance de la milice citoyenne fut consacrée par l'établissement de la royauté de Juillet. — Licenciée par Charles X, elle s'était reconstituée de sa propre autorité lors des ordonnances. — Après la lutte, la garde nationale formait un corps compact et permanent. — Elle était la seule force régulière et armée qui fût restée debout. Elle recueillit donc seule les fruits de la victoire. Elle s'assit avec Louis-Philippe sur le trône, et prit pour elle la moitié de la couronne. Tant bien que mal elle l'a portée pendant dix-huit ans.

Mais, les éléments qui composent la garde nationale ne lui permettent pas d'être une bien forte tête ; — or, il arriva qu'un jour toute cette gloire dont on l'avait encensée, lui monta au cerveau ; — elle se crut grande fille, et, pour fêter sa majorité, voulut chercher querelle à ses grands parents.

Ce jour-là, c'était le 22 février : — elle se promenait, pédante et capable, aux cris de : *Vive la réforme !*

Il vous en souvient, n'est-ce pas ?

Mais tandis que la garde nationale, fière de donner une leçon au roi, se pavanait dans sa toute-puissante abstention, voilà que, par derrière, une armée *formidable*, composée d'environ trois cents faubouriens recrutés à grand'peine, — construisit quelques barricades, tua quelques soldats, prononça la déchéance du roi et proclama la République.

Le tour était fait que la garde nationale ne s'en doutait pas encore.

Alors, chose difficile à croire, stupéfiés à ce mot de république, qui rappelait des souvenirs peu gais, soixante mille hommes armés furent pris d'une terreur panique, et se livrèrent pieds et poings liés à cette bande de trois cents faubouriens, augmentée de quelques niais de bonne foi, qui s'étaient joints à eux sans trop savoir pourquoi.

Sans énergie, sans force, les légions se laissèrent désarmer et n'opposèrent pas la moindre résistance. — On ne protestait pas alors par le silence comme on le fait aujourd'hui, — on affectait au contraire l'enthousiasme le plus ardent, le plus exagéré.

Tous étaient républicains, — de la veille, — de l'avant-veille, — les moins déhontés disaient du lendemain.

La peur dominait la population parisienne ; et chacun de hurler : *Vive la république !* — dans les notes les plus éclatantes de son registre.

C'est à ce point que je ne me rappelle avoir vu qu'un seul homme qui osât dire tout haut, dans les premiers jours de mars, qu'il n'était rien moins que républicain, et qu'il regrettait fort la belle besogne faite au 24 février. — C'était un médecin du deuxième arrondissement, dont je voudrais savoir le nom, pour l'écrire ici comme celui d'un homme de cœur et d'un homme d'esprit.

La révolution de Février donna la mesure exacte de la valeur de la garde nationale ; — et l'on sut désormais quel degré de confiance il fallait avoir dans son énergie et dans sa reconnaissance. — Ce fut en vain qu'au mois de juin 1848 elle voulut prendre sa revanche ; — malgré la bravoure qu'elle déploya durant ces tristes journées, elle ne parvint à se relever que provisoirement du coup qu'elle s'était porté au 24 février.

Malgré tout, cependant, elle avait conservé des idées bien arrêtées sur son importance personnelle, au point de vue gouvernemental. — Aussi, lorsqu'en décembre elle vit une révolution nouvelle éclater sans qu'on lui eût gardé sa place dans la distribution des rôles, son étonnement fut profond, et ce fut avec une stupéfaction dédaigneuse qu'elle attendit la fin des événements. — La réussite du coup d'État lui prouva qu'on avait eu raison de ne pas croire à son omnipotence prônée tant de fois, et alors tombée de si haut, — n'étant plus rien là où elle se croyait tout, — son étonnement devint de la colère, son dédain devint de la haine. — Ne pouvant se refuser à reconnaître que le gouvernement avait sauvé la France d'un danger imminent, elle lui accorda son vote, — comme contrainte et forcée, — mais elle conserva toute sa rancune.

Blessé dans sa vanité politique, le bourgeois, habitué depuis vingt ans à dire, comme Louis XIV, — l'Etat, c'est moi ! — ne pardonna pas à Louis-Napoléon d'avoir sauté à pieds joints par dessus cette vieille puissance, jusqu'alors non contestée. — Il voulait bien être sauvé, mais il voulait conserver son semblant d'action dans l'accomplissement de cet acte régénérateur.

Sans doute beaucoup se refuseront à convenir de cette vanité puérile ; quelques-uns même n'y croiront pas, — et parmi ces derniers, combien cependant en auront instinctivement ressenti les effets.

C'est que l'on obéit tous les jours à des sentiments dont on ne se rend pas bien compte, parce que, si l'on arrivait à l'analyse, on se trouverait soi-même ridicule.

En faisant le coup d'Etat sans appeler à lui la garde nationale, Louis-Napoléon froissa l'amour-propre d'une institution entière ; — et cependant il ne pouvait faire autrement.

Par son décret du 11 janvier, en nommant lui-même les officiers, en réduisant les cadres, il blessa mille petites susceptibilités individuelles ; — et cependant le passé prouvait qu'il avait raison.

Cet amour-propre général froissé, — ces susceptibilités blessées, — formèrent le point de départ de l'opposition parisienne.

A cela, joignez cette triste présomption que l'on a en France, depuis la plus humble boutique jusqu'au salon le plus brillant, de tout vouloir juger instantanément, de discuter chacun des actes du gouvernement, sans attendre leur ensemble, et vous aurez peut-être le nœud de la situation.

La disposition des esprits était peu favorable, mauvaise même : — la discussion devint de la critique, l'appréciation tourna au blâme.

L'opposition s'attaqua à tous les actes du pouvoir. — D'abord, ce fut la Constitution qui essuya le premier feu d'épigrammes ; puis, quelques nominations individuelles égayèrent également le bel esprit parisien, qui, groupant avec art de petits griefs sans valeur, de petites calomnies bien absurdes, mêlées çà et là de quelques médisances, se crut bientôt en droit, grâce à ce lourd bagage, de hausser les épaules avec le dédain de la supériorité, lorsqu'il était parlé du gouvernement.

Tout cela cependant n'était pas bien grave, et l'on commençait à comparer le courroux de l'opposition à celui d'une vieille coquette, qui dit du mal de tout le monde, parce qu'elle ne peut plus trouver d'amants. — lorsque parut au *Moniteur* un décret qui offrit aux mécontents l'occasion de changer de tactique.

Ils se drapèrent alors dans le manteau d'une reconnaissance factice, firent appel à des sentiments généreux qui trouvent toujours de l'écho en France, et ce fut avec des larmes de chaleureuse indignation dans les yeux et dans la voix — qu'ils parlèrent de la confiscation des biens de la famille d'Orléans.

IV.

En prenant la plume pour défendre les décrets qui ordonnent la confiscation des biens de la famille d'Orléans, je ne me suis pas dissimulé le nombre et la force de mes adversaires.

L'opinion publique a été vivement émue de cette mesure, et chaque jour qui s'écoule apporte une aigreur de plus dans la discussion.

Je ne m'adresse pas à la catégorie de ceux qui ont un parti pris d'opposition systématique ; mais seulement à ceux qui, mus par un sentiment de délicatesse généreuse ont le tort de condamner sans examen une mesure, qu'avec un peu de réflexion, ils comprendraient n'avoir été pour le pouvoir lui-même qu'une douloureuse nécessité.

J'ai pensé que pour ceux-là il fallait surtout éclairer la discussion par des faits. — C'est ce qui expliquera la longueur des détails de toute nature que j'ai cru utiles à faire connaître, ainsi que cette accumulation de lois diverses et de chiffres que je présente comme devant arriver d'eux-mêmes à formuler une conclusion.

J'espère fournir à chacun les éléments d'une conviction loyale et raisonnée, qui devra, pour tous, se résumer à peu près ainsi : — La mesure du 22 janvier est juste et logique dans son principe, elle est humaine dans son application, — et l'opposition n'aurait jamais songé à s'en faire une arme, si le décret n'avait frappé la famille d'Orléans.

Depuis ce décret de confiscation, j'ai entendu dire des choses si extraordinaires, au point de vue des lois et des faits, — qu'il me semble nécessaire de donner tout d'abord un rapide aperçu de la législation qui régit en France les biens appartenant à la couronne.

Nous avons vu dans les considérants du décret du 22 janvier, au sujet de Henri IV, que, sous l'ancienne monarchie, les souverains, en arrivant au trône, étaient réputés se marier à la France, et lui apportaient en dot l'universalité de leurs biens. — De même, le domaine privé, acquis pendant le règne, revenait à la couronne si le prince décédé ne laissait pas de testament.

Ce fut, grâce à cette coutume, que l'Etat et la couronne échappèrent à la ruine imminente que les aliénations successives de domaines, au profit des courtisans et des maîtresses royales, auraient infailliblement amenée.

Indépendamment des biens appartenant à la couronne, d'autres biens, dits apanages, furent dévolus en diverses circonstances aux princes de sang royal, et se transmettaient par voie de succession dans les branches collatérales de la famille régnante. — C'est ainsi que la maison d'Orléans reçut, de 1661 à 1692, un apanage considérable, dans la possession duquel elle rentra en 1825.

En mai 1791, le roi de France, le roi du sol, devenu le roi des Français, cessa d'avoir le droit de puiser à pleines mains dans les caisses de l'Etat, et une liste civile, fixée à 25 millions, vint régler les dépenses de sa maison ; en même temps qu'il était dit : — « que
» le roi aurait la jouissance des maisons, parcs et domaines, bati-
» ments, bois, forêts etc., des Tuileries, Versailles, Marly, Meudon,
» Saint-Germain-en-Laye, Saint-Cloud, Rambouillet, Compiègne,
» Fontainebleau ; des manufactures de Sèvres et des Gobelins, ainsi
» que du château de Pau et de son parc, comme hommage rendu
» par la Nation à la mémoire de Henri IV. »

Telle fut la première organisation qui établit le domaine de la couronne, domaine inaliénable et inprescriptible.

L'empereur conserva la dotation, ainsi fixée par la loi de 1791 ; seulement, en remplacement de biens aliénés pendant la révolution comme propriétés nationales, un sénatus-consulte lui donna : — une partie du parc Monceaux, le bois de Boulogne, Vincennes, Saint-Maur, Bagatelle, les forêts de Sénart et de Bondy. — Puis, en 1812, il prit, sur son domaine privé, pour en faire don à la couronne, — une partie des parcs de Saint-Cloud, de Versailles et de Monceaux, des parcs de Meudon, de Marly ; une partie des forêts de Saint-Germain, de Rambouillet, de Fontainebleau, de Compiègne, — et la dotation de 1791 se trouva alors rétablie dans ses anciennes limites ; et de plus augmentée, par les deniers personnels de l'empereur, de tout ce que je viens de citer.

Ainsi, outre le domaine de la couronne, l'empereur avait encore son domaine privé, provenant soit de donations, soit d'acquisitions, soit de successions, et qui devait servir à payer les dettes du souverain décédé, dettes dont la couronne ne devait jamais être grevée.

Il avait, enfin, le domaine extraordinaire, qui se composait des biens mobiliers ou immobiliers, fruits de conquêtes ou de traités ; — et l'empereur disposait de ce domaine pour

« 1° Subvenir aux dépenses de son armée ;

» 2° Récompenser ses soldats et les grands services civils et militaires rendus à l'Etat ;

» 3° Élever des monuments, faire faire des travaux publics, encourager les arts, et ajouter à la splendeur de l'Empire. »

La liste civile de Louis XVIII resta la même que celle de l'empereur ; rien ne fut changé, non plus pour Charles X, et nous la retrouvons dans les mêmes conditions au mois de juillet 1830.

La discussion de la liste civile devant la chambre des députés n'arriva qu'au mois de janvier 1832. Voici les principales dispositions de cette loi, promulguée le 2 mars de la même année.

« La liste civile sera composée d'une dotation immobilière et » d'une somme annuelle.

» La somme annuelle sera de 12,000,000.

» Les biens immeubles comprendront :—Le Louvre, les Tuileries, » l'Elysée-Bourbon ; — les domaines de Versailles, Marly, Saint- » Cloud, Meudon, Saint-Germain-en-Laye, Compiègne, Fontaine- » bleau et Pau ; — les manufactures des Gobelins, de Sèvres, de Beau- » vais ; — les bois de Boulogne, de Vincennes, la forêt de Sénart.

» Seront en outre réunis à la dotation immobilière les biens de » toute nature composant *l'apanage d'Orléans,* auxquels sera réin- » tégrée la petite forêt d'Orléans.

» Il ne sera plus formé de domaine extraordinaire.

» Art. 22. Le roi conservera la propriété des biens qui lui appar- » tenaient avant son avénement au trône. — Ces biens, et ceux qu'il » acquerra, à titre gratuit ou onéreux, pendant son règne, compo- » seront son domaine privé. »

Avant de pénétrer plus profondément dans la discussion, je veux protester de mon respect pour la famille d'Orléans. — Je n'ai jamais jeté l'insulte à ceux qui étaient tombés. — Bonapartiste sous Louis-Philippe, je suis resté bonapartiste sous la présidence du prince Louis-Napoléon ; — mais rien, je l'espère, ne me fera oublier le sentiment respectueux que le devoir impose toutes les fois qu'il s'agit de cette famille d'élite.

Au milieu des appréciations de toute nature et plus ou moins erronées, auxquelles le décret de confiscation a donné lieu, il y en a deux qui m'ont paru résumer toutes les autres.

Certains, et ce sont les plus malintentionnés, brouillant les questions de droit et de fait, reprochent au pouvoir un acte de spoliation sans précédents, font semblant de se méprendre, et accusent le Président de n'avoir assumé sur son gouvernement la gravité d'un tel acte que dans un but d'intérêt tout personnel.

D'autres, à force d'entendre répéter autour d'eux que la famille d'Orléans est ruinée, compatissent de bonne foi à cette grande infortune, et désapprouvent, en morale, une mesure qu'ils croient inhumaine.

C'est à ces derniers, tout d'abord, que je veux m'adresser, et c'est par des chiffres que je répondrai.

V.

L'apanage créé, de 1661 à 1692, pour Philippe d'Orléans, frère de Louis XIV, subit, à la révolution, le sort de tous les biens nationaux confisqués pour cause d'émigration. — En vertu d'ordonnances royales rendues en 1814, ceux de ces biens qui faisaient partie du domaine, ceux qui avaient été cédés à la caisse d'amortissement, d'autres encore, furent rendus à leurs propriétaires, — et la famille d'Orléans recouvra ainsi, sur son apanage, des droits qui, cependant, en 1825, n'avaient encore pu être exercés entièrement. — Ce fut alors que Charles X, désespérant d'obtenir la sanction des chambres dans tout autre moment, força, pour ainsi dire, la main à la majorité en faisant de la restitution des biens de la famille d'Orléans l'article 4 du projet de loi de sa liste civile.

Le duc d'Orléans rentra ainsi dans la possession d'un revenu de 2,570,000 fr. de rente; ce qui, en ajoutant les 30 000 fr. de rente rapportés par la petite forêt d'Orléans, annexée à l'apanage, en 1830, donne le chiffre de 2,600,000 fr.

Outre les biens apanagers, le duc d'Orléans possédait encore, à titre de domaine privé, d'après l'*état sommaire des revenus personnels et patrimoniaux de S. A. R. le duc d'Orléans lors de son avènement au trône, établi sur la moyenne du produit brut et annuel,* présenté aux chambres en 1832 :

Biens provenant de la succession paternelle, possédés indivis avec mademoiselle d'Orléans (Madame Adélaïde), pour la part du duc, ci. . . . . 335,505 fr.

Biens provenant de la succession de Madame la duchesse douairière d'Orléans. 1,066,554

Acquisitions du duc d'Orléans, en son nom particulier. 87,546

1,489,605 fr.

Ce qui établit en compte rond le revenu des biens personnels à 1,500,000 francs.

Mais là ne se bornait pas toute la fortune de la famille d'Orléans,

dans laquelle chacun des membres possédait un revenu particulier
composé ainsi qu'il suit :

    Biens de la reine. . . . , ... 130,000 fr.
    Biens des princes et des princesses. . 23,000
    Biens de Madame Adélaïde, . . . 1,120,000
    Biens du duc d'Aumale. 2,000,000

                3,273,000 fr.

Après son avénement au trône, le roi Louis-Philippe se trouvait
donc à la tête d'un revenu annuel de :

    Liste civile. . . . . 12,000,000 fr.
    Produit des forêts du domaine de la
      couronne. 7,700,000
    Apanage. 2,600,000
    Domaine privé. 1,500,000
    Biens appartenant à la famille. . . 3,273,000

           Total. . . 27,073,000 fr.

le tout, sans compter le million alloué au prince royal Monsei-
gneur le duc d'Orléans.

En acceptant le trône, le roi Louis-Philippe avait voulu se conserver, non pas son apanage et son domaine particulier, ainsi que je
l'ai entendu dire, mais son domaine particulier seulement, qui s'é-
levait, ainsi que nous l'avons vu, à 1,500,000 fr. de revenu.

Pour ce qui est de l'apanage, il était évident que la propriété
donnée par l'État au prince du sang, non appelé au trône, faisait de
droit retour à la couronne dans le cas où ce prince devenait roi.

C'est donc au domaine privé seul que se rapporte le décret du
22 janvier, et c'est sur la seule somme de 1,500,000 fr. de revenu
que frappe la confiscation.

Tel est du moins le chiffre officiel présenté aux Chambres, en
1832, par le commissaire du gouvernement, M. Dupin, ainsi que
nous l'avons vu plus haut.

En dehors de la confiscation, voyons ce qui reste à la famille.

Il est de notoriété publique que, pendant les dix-huit années de
son règne, le roi avait augmenté considérablement la fortune de sa
famille, si bien que, par voie d'achat, de succession ou de mariage, les
chiffres les plus modérés portent à. . . . . . . 3,000,000 fr.
les nouveaux revenus acquis par la famille d'Orléans
de 1830 à 1848.

Ce qui, ajouté aux biens appartenant déjà à la famille et que nous avons vus évalués à. 3,273,000

forme un revenu total de. . . . . 6,273,000 fr.

En supposant l'intérêt à 5 pour 100, ce qui est loin d'être
vrai, puisque les biens-fonds rapportent en général 3 pour 100
seulement, nous trouvons un capital de 125,000,000 de fr., chiffre
évidemment de près de 2/5 au-dessous de la réalité puisque j'ai sup-
posé l'intérêt à 5 pour 100.

Donc, en 1830, le duc d'Orléans, arrivant au trône, possédait, par

son apanage, ses biens particuliers, ceux de sa famille, un revenu
de. 7,373,000 fr.

En 1852, après la confiscation, sa maison se trouve
encore posséder (en comptant le douaire de madame
la duchesse d'Orléans) 6,573,000

Il y a donc une différence de. . . . . 800,000 fr.
de revenu entre la fortune possédée en 1830 et celle possédée
en 1852.

On pourrait affirmer, à première vue, que c'est en réalité cette
seule somme de 800,000 francs que le décret de confiscation enlève
à la maison d'Oléans.

Mais en disant que cette famille achète, par une perte de 800,000
francs de revenu, l'honneur d'avoir vu son chef porter la couronne
de France, ses fils commander à nos armées, à nos escadres, on est
encore loin de l'exacte vérité.

Les revenus de Louis-Philippe se composaient, avons-nous dit,
avant 1830, de 7,373,000 francs. — Mais ce chiffre ne peut être accepté pour exact, qu'à la condition d'y faire entrer l'*apanage d'Orléans* pour une somme de 2,600,000 francs.

Or, aux légitimistes qui lui reprochaient d'avoir accepté la couronne, le duc d'Orléans répondait avec raison : — « Je n'avais qu'à
choisir entre l'exil et le trône ! » — Si, préférant l'exil, il eût refusé
la royauté, évidemment l'apanage de sa maison lui eût été enlevé, et
sa fortune se serait trouvée réduite alors à 4,773,000 francs de
revenu.

Mais, d'après les règles ordinaires, la fortune d'une famille périclite
lors de l'établissement des enfants ; — et, s'il en a été autrement
pour la famille de Louis-Philippe, n'est-ce pas à sa position de roi,
aux 27 millions dont il disposait par an qu'il faut l'attribuer?

Pour résumer enfin :
Si Louis-Philippe avait refusé le trône, il aurait conservé son domaine privé, et sa maison n'aurait cependant aujourd'hui qu'un revenu moindre de. . . . . 4,773,000 fr.

Mais, grâce à dix-huit années de règne, après la
confiscation du domaine privé, elle possède. . . . 6,593,000

C'est donc, en réalité, un bénéfice net d'un revenu de. . . . . 1,800,000 fr.
que la couronne de France a rapporté à la maison d'Orléans.

Comme on le voit par conséquent, le décret du 22 janvier est loin
de laisser dans la misère une famille qui a gouverné la France, et
ceux qui invoquaient si haut les lois de l'humanité peuvent se calmer
en voyant combien elles ont été respectées.

Mais, dira-t-on, la famille d'Orléans serait cent fois plus riche
encore que cela n'autorise pas, à son égard, la violation du droit de
propriété.

Reste donc à résoudre cette question : — Malgré l'article 22 de la
loi du 22 mars 1832, — les biens compris dans la donation du 7 août
appartenaient-ils à l'État, en morale comme en droit?

VI.

Le plaidoyer le plus énergique qui puisse être fait en faveur de la mesure du 22 janvier, ressort évidemment des considérants qui précèdent le décret.— Aussi, dans les premiers jours, — lorsque ces motifs déduits avec cette lucidité de pensée, cette vigueur de forme que l'on remarque dans toutes les publications du pouvoir — étaient présents aux esprits, — là confiscation fut adoptée presque sans conteste. Mais, à mesure que le temps s'est écoulé, ce souvenir s'est effacé, et le blâme s'est accru en proportion.

Nous sommes ainsi faits que, lorsque la preuve n'est pas toujours devant nos yeux, nous réfutons aujourd'hui ce que nous avions approuvé hier, et que nous ne nous rendons même pas compte de cette singulière anomalie.

Relisons donc ensemble ces considérants qui paraissent avoir été oubliés :

« Considérant que, sans vouloir porter atteinte au droit de propriété dans la personne des princes de la famille d'Orléans, le Président de la République ne justifierait pas la confiance du peuple français s'il permettait que des biens qui doivent appartenir à la nation soient soustraits au domaine de l'Etat;

» Considérant que, d'après l'ancien droit public de la France, maintenu par le décret du 21 septembre 1790 et par la loi du 8 novembre 1814, tous les biens qui appartenaient aux princes lors de leur avénement au trône étaient de plein droit et à l'instant même réunis au domaine de la couronne ;

» Qu'ainsi le décret du 21 septembre 1790, de même que la loi du 8 novembre 1814, portent :

» Les biens particuliers du prince qui parvient au trône, et ceux qu'il avait » pendant son règne, à quelque titre que ce soit, sont de plein droit, et à » l'instant même unis au domaine de la nation, et l'effet de cette union est » perpétuel et irrévocable; »

» Que la consécration de ce principe remonte à des époques fort reculées de la monarchie; qu'on peut, entre autres, citer l'exemple de Henri IV : ce prince ayant voulu empêcher, par des lettres patentes du 15 avril 1590, la réunion de ses biens au domaine de la couronne, le parlement de Paris refusa d'enregistrer ces lettres patentes, aux termes d'un arrêt du 15 juillet 1591, et Henri IV, applaudissant plus tard à cette fermeté, rendit, au mois de juillet 1607, un édit qui révoquait ses premières lettres patentes;

» Considérant que cette règle fondamentale de la monarchie a été appliquée sous les règnes de Louis XVIII et de Charles X, et reproduite dans la loi du 15 janvier 1825;

» Qu'aucun acte législatif ne l'avait révoquée le 9 août 1830, lorsque Louis-Philippe a accepté la couronne; qu'ainsi, par le fait seul de cette acceptation tous les biens qu'il possédait à cette époque sont devenus la propriété incontestable de l'État;

» Considérant que la donation universelle sous réserve d'usufruit, consentie par Louis-Philippe au profit de ses enfants, à l'exclusion de l'aîné de ses fils, le 7 août 1830, le jour même où la royauté lui avait été déférée, et avant son acceptation, qui eut lieu le 9 du même mois, a eu uniquement pour but d'empêcher la réunion au domaine de l'Etat des biens considérables possédés par le prince appelé au trône.

» Que, plus tard, lorsqu'il fut connu, cet acte souleva la conscience publique;

» Que si l'annulation n'en fut pas prononcée, c'est qu'il n'existait pas, comme sous l'ancienne monarchie, une autorité compétente pour réprimer la violation des principes du droit public, dont la garde était anciennement confiée aux parlements;

» Qu'en se réservant l'usufruit des biens compris dans la donation, Louis-Philippe ne se dépouillait de rien et voulait seulement assurer à sa famille un patrimoine devenu celui de l'Etat;

» Que la donation elle-même, non moins que l'exclusion du fils aîné, dans la prévoyance de l'avénement au trône de ce fils, était, de la part du roi Louis-Philippe, la reconnaissance la plus formelle de cette règle fondamentale, puisqu'il fallait tant de précautions pour l'éluder :

» Qu'on exciperait vainement de ce que l'union au domaine public des biens du prince ne devait résulter que de l'acceptation de la couronne par celui-ci, et de ce que cette acceptation n'ayant eu lieu que le 9 août, la donation consentie le 7 du même mois avait dû produire son effet ;

» Considérant qu'à cette dernière date Louis-Philippe n'était plus une *personne privée*, puisque les deux chambres l'avaient déclaré roi des Français, sous la seule condition de prêter serment à la charte ;

» Que, par suite de son acceptation, il était roi dès le 7 août, puisque ce jour-là la volonté nationale s'était manifestée par l'organe des deux chambres, et que la fraude à une loi d'ordre public n'existe pas moins lorsqu'elle est concertée en vue d'un fait certain, qui doit immédiatement se réaliser ;

» Considérant que les biens compris dans la donation du 7 août, se trouvant irrévocablement incorporés au domaine de l'Etat, n'ont pu en être distraits par les dispositions de l'art. 22 de la loi du 2 mars 1832 ;

» Que ce serait, contrairement à tous les principes, attribuer un effet rétroactif à cette loi que de lui faire valider un acte radicalement nul, d'après la législation existante à l'époque où cet acte a été consommé ;

» Que, d'ailleurs, cette loi, dictée dans un intérêt privé par les entraînements d'une politique de circonstance, ne saurait prévaloir contre les droits permanents de l'Etat et les règles immuables du droit public ;

» Considérant, en outre, que les droits de l'Etat ainsi revendiqués, il reste encore à la famille d'Orléans *plus de cent millions*, avec lesquels elle peut soutenir son rang à l'étranger ;

» Considérant aussi qu'il est convenable de continuer l'allocation annuelle de 300,000 francs portée au budget pour le douaire de la duchesse d'Orléans ;

» Décrète :

» Art. 1er. Les biens meubles et immeubles qui sont l'objet de la donation faite le 7 août 1830 par le roi Louis-Philippe, sont restitués au domaine de l'Etat. »

» Art. 2. L'Etat demeure chargé du paiement des dettes de la liste civile du dernier règne.

» Art. 3. Le douaire de 300,000 fr. alloué à la duchesse d'Orléans est maintenu. »

Comme on le voit, les considérants de ce décret se basent sur trois ordres d'idées bien distincts :

1° L'ancienne législation française ;

2° La reconnaissance de cette législation par le roi Louis-Philippe, dans l'acte même de la donation du 7 août, et le droit qui existe toujours en saine morale de revenir sur un précédent injuste ;

3° Enfin, ce que j'ai déjà prouvé : la possession par la famille d'Orléans d'une fortune immense, en dehors des biens qui appartiennent à l'État.

Pour tout homme de bonne foi, sans passion et sans esprit de parti, pour celui qui juge, il est impossible, je crois, de ne pas se rendre aux motifs renfermés dans ces considérants. — Cependant il est une certaine classe d'entêtés volontaires qui ne cèdent que devant une accumulation de preuves successives ; de même que, pour d'autres, rien n'est bien, juste et raisonnable, qu'à la condition d'avoir déjà été fait, — et il est remarquable d'observer combien le bourgeois, peu méritant de sa réputation d'initiative, se traîne tout au contraire dans les ornières les plus profondes d'une routine systématique.

A ceux-là, bien qu'à mon avis ce soit de peu de poids dans la balance, s'il faut insister encore sur l'ancienne législation qui régissait les biens du nouveau souverain arrivant à la couronne, je rappellerai que Louis-Philippe et Henri IV ne sont pas les seuls monarques qui aient voulu conserver, à leur avénement au trône, la possession de leur fortune particulière.

En 1498, Louis XII, succédant à Louis XI, refusa de réunir au domaine de l'Etat ses domaines de Blois, de Soissons et autres. — Il rendit un édit par lequel ces biens devaient continuer à être administrés par lui-même et à son profit personnel. — Le parlement refusa d'enregistrer cet édit, et lorsque plus tard, en 1515, François Iᵉʳ monta sur le trône, il acquit la jouissance des domaines de Blois et de Soissons, non pas comme étant l'époux de madame Claude, fille de Louis XII, mais uniquement en sa qualité de roi de France.

D'autres exemples de notre histoire consacrent également ce droit immuable de réunion des biens privés aux biens de la couronne. — Hugues Capet, Philippe VI, François Iᵉʳ s'y conformèrent tous, et permettaient ainsi à un député, — M. Marchal, je crois, — de dire, après 1830 : « La royauté monarchique n'est possible qu'à deux con-
» ditions : l'hérédité du trône dans une famille, l'extinction du droit
» de propriété dans la personne du roi, afin que le monarque n'ait
» d'autre fortune que celle de l'Etat. — En laissant au roi qui prend
» possession du trône sa fortune privée, en lui permettant d'en
» disposer, — c'est faire un pas de géant vers la présidence de la
» République. »

C'est, comme on le voit, une curieuse et bien juste appréciation des conséquences de la loi que l'on présentait alors. — Louis-Philippe était bien réellement le roi d'une monarchie, le fondateur d'une nouvelle dynastie, au lieu d'être, comme on disait en 1830, le chef de la *meilleure des Républiques.*

En présence surtout de la loi du 8 novembre 1814, ainsi conçue : « Les biens particuliers du prince qui parvient au trône sont de plein
» droit, et à l'instant même, unis au domaine de la nation, et l'effet
» de cette union est perpétuel et irrévocable, » personne ne peut se refuser à reconnaître que son devoir était de réunir son domaine privé à celui de la couronne.

Mais comme il n'est point possible de ne pas admettre ce principe, on se rejette aussitôt sur le fait accompli de la ratification par les chambres de la donation, et alors on invoque cette base fondamentale du droit qui défend la rétroacvité. Le décret de 1852, dit-on, ne peut en aucune manière empêcher l'entier accomplissement d'une loi votée et exécutée déjà depuis vingt années, — sinon, — vous proclamez une nouvelle révolution, vous bouleversez toutes les notions reconnues depuis les âges les plus reculés de la législation.

A cette objection, plus spécieuse que raisonnée, on pourrait répondre par un argument tiré du même principe, et l'on dirait alors :

La réunion des domaines privés à ceux de la couronne était une loi fondamentale de la monarchie : — en n'en faisant pas observer l'exécution en 1832, vous avez entaché de nullité tous les actes qui avaient consacré cette loi, et c'est vous qui avez, contre toute espèce de droit, proclamé le principe de la rétroacvité ;—tandis qu'aujourd'hui on vient tout simplement remettre les choses dans leur état primitif, rétablir la législation telle qu'elle a toujours existé.

Mais, au lieu de se jeter dans ce mode de discussion sophistique, qui a rarement convaincu quelqu'un et qui a fait du mal à beaucoup de gens, mieux vaut, je crois, accepter la position sur le terrain même où se placent nos adversaires.

Le décret du 22 janvier est incompatible, dites-vous, avec notre législation : — Soit, je veux bien le croire un instant avec vous ; — mais la loi de 1793 qui déclarait les biens des émigrés propriétés nationales, et qui stipulait que l'effet de cette loi était à jamais irrévocable, n'a-t-elle pas été modifiée une première fois par l'empereur, qui a rendu beaucoup de ces biens aux émigrés rentrés, et plus tard, pendant la restauration, est-ce que, au mépris de tous les principes de morale, on n'a pas dépouillé certains propriétaires légitimes pour rendre leurs biens à des hommes qui, pendant vingt-cinq ans, avaient porté les armes contre le pays ? — Est-ce qu'on n'a pas, en 1825, trente-trois ans après la loi de la confiscation prononcée par la République, accordé à ces mêmes hommes — un milliard d'indemnité ?

Avec un pareil précédent, c'est en vain que l'on invoquera la législation, — elle a malheureusement été violée trop de fois par les mauvaises passions pour que raisonnablement elle puisse beaucoup crier lorsqu'une fois par hasard elle se trouve placée entre un but honnête et juste et le semblant de sa virginité si souvent compromise.

Laissons donc aux casuistes, aux tristes professeurs d'ambiguités mensongères, la méchante tâche d'épiloguer sur des arguties sans valeur, surtout sans conscience, sans vérité : — Mais que ceux qui, hommes de cœur et de bon sens, n'appartiennent pas à cette malheureuse école, se hâtent d'abandonner un semblable terrain pour rentrer enfin dans les limites d'une honnête réalité.

Diverses objections, présentées de bonne foi par des hommes qui comprenaient la nécessité de la mesure du 22 janvier, m'ont paru ne puiser leur semblant de valeur que dans l'oubli des faits. — Une de ces objections, la plus répandue, je crois, est celle-ci :

Les dépenses de Versailles ont été faites par la liste civile ; — elles restent aujourd'hui à la nation. — Puisque l'on confisque le domaine privé, que, du moins, on restitue à la famille d'Orléans les douze ou quinze millions consacrés au musée de Versailles !

Mais d'abord, si cette restitution n'a pas eu lieu depuis longtemps, ce n'est pas là la faute de la monarchie de juillet ; car, s'il m'en souvient bien, il n'y a pas de ministère qui n'ait voulu faire, des embellissements de Versailles, la préface de toutes les demandes d'apanage et de dotation qui signalèrent le dernier règne.

Au surplus, veut-on prendre l'objection au sérieux ; comptons : — Versailles a coûté 15 millions, dit-on ; — mettons 20 ;

Ci donc, à restituer par la France à la liste civile, 20,000,000 fr.

Mais, suivant l'engagement pris par M. de Schonen, rapporteur de la loi de 1832, la liste civile devait consacrer deux millions par an à l'achèvement du Louvre ; — en dix-huit ans. 36,000,000

Différence. . . . . 16,000,000 fr.

que la liste civile, tout compte fait, devrait encore à la nation.

En résumé, dans le décret de confiscation, la critique ne peut trouver autre chose à exprimer qu'un regret personnel en faveur de la famille d'Orléans.

La mesure du 22 janvier, parfaitement discutable en droit, est surtout, comme je le disais en commençant :

Juste et logique dans son principe,

Humaine dans son application,

Et, nous allons le voir : — salutaire et patriotique dans ses effets.

Un dernier mot :

Lorsque éclata la révolution de février, Louis-Philippe déposa la couronne sans essayer de la défendre. Ses fils l'imitèrent, et cependant ils étaient à la tête d'une armée puissante, aguerrie, dans laquelle ils comptaient de nombreux partisans.

Dans une pensée de patriotisme, dont l'histoire leur tiendra compte, ils ne songèrent pas à en appeler aux armes, et partirent pour l'exil sans même protester contre l'émeute triomphante.

Ce que ni le roi Louis-Philippe, ni ses fils, n'ont fait pour la couronne de France, — veut-on prétendre qu'ils le voudraient faire aujourd'hui pour des bois, pour des fermes, pour quelques sacs d'or !

VII.

Ce n'était pas assez d'avoir jeté l'anathême sur le décret en lui-même, il fallut encore trouver un moyen d'attaquer l'emploi que le gouvernement faisait du produit des biens retournant à l'Etat.

La recherche menaçait d'être longue, mais de quoi sont incapables les bons Parisiens lorsqu'il s'agit de faire bien innocemment un peu de mal à eux-mêmes.

Les journaux anglais leur sont venus légèrement en aide ; ils ont cherché ensemble et enfin ont découvert que le Président, lui aussi, était entaché de socialisme !

« Voyez plutôt, s'écrient-ils, la répartition du produit de ces biens :

« Art. 5. Dix millions sont alloués aux sociétés de secours mutuels autorisées par la loi du 15 juillet 1850.

» Art. 6. Dix millions seront employés à améliorer les logements des ouvriers dans les grandes villes manufacturières.

» Art. 7. Dix millions seront affectés à l'établissement d'institutions de crédit foncier dans les départements qui réclameront cette mesure en se soumettant aux conditions jugées nécessaires.

» Art. 8. Cinq millions serviront à établir une caisse de retraite au profit des desservants les plus pauvres.

» Art. 9. Le surplus des biens énoncés dans l'art. 1er sera réuni à la dotation de la Légion-d'Honneur, pour le revenu en être affecté aux destinations suivantes, sauf, en cas d'insuffisance, à y être pourvu par les ressources du budget.

» Art. 10. Tous les officiers, sous-officiers et soldats de terre et de mer en activité de service, qui seront à l'avenir nommés ou promus dans l'ordre national de la Légion-d'Honneur, recevront, selon leur grade dans la légion, l'allocation suivante :

» Les légionnaires (comme par le passé). . . . . **250 fr.**
» Les officiers. **500**
» Les commandeurs. **1,000**
» Les grands officiers. . . . . ., ... **2,000**
» Les grands-croix. **3,000**
» Art. 11. Il est créé une médaille militaire donnant droit à cent francs de rente viagère en faveur des soldats et sous officiers de l'armée de terre et de mer placés dans les conditions qui seront fixées par un réglement ultérieur.
» Art. 12. Un château national servira de maison d'éducation aux filles ou orphelines indigentes des familles dont les chefs auraient obtenu cette médaille.
» Art. 13. Le château de Saverne sera restauré et achevé pour servir d'asile aux veuves des hauts fonctionnaires civils et militaires morts au service de l'Etat. »

Ainsi, le doute n'est plus permis en voyant le pouvoir améliorer les logements des ouvriers, — aider les sociétés de secours mutuels, — créer des caisses de retraite au profit des desservants pauvres: —et, mis en face de semblables preuves, on doit forcément ajouter foi aux bruits — d'impôt progressif , — d'impôt sur la rente, — d'abolition des octrois,— et enfin à toutes les billevesées, à toutes les calomnies qui peuvent éclore dans le cerveau des mécontents de tous les partis ou des imbéciles de toutes les nuances.

Cette façon de raisonner m'a toujours fait penser aux gens qui, sous prétexte qu'ils ont manqué se noyer une fois, n'osent plus, depuis ce temps, se laver les pieds.

Nous avons eu, et à juste titre, si grande frayeur du socialisme, que tout ce qui ressemble à une amélioration nous fait peur , et que la seule pensée des réformes les plus inoffensives, des progrès les plus utiles nous frappent encore de crainte et d'effroi.

Il est temps de comprendre cependant que, depuis la révolution de 89, tous les gouvernements successifs n'ont fait autre chose que, — s'il faut dire le mot, — du socialisme gouvernemental ; — seulement la marche sainement progressive des gouvernements était sage et calme, — tandis que les élucubrations farouches des utopistes de l'école Blanqui et autres, sont folles et furieuses.

L'Empereur n'a-t-il pas doué son règne d'institutions populaires qui, non moins que ses victoires, ont gravé son nom dans le souvenir de la nation?

Louis-Philippe lui-même n'est-il pas entré dans cette voie ?

Il était donné au prince Louis-Napoléon d'y pénétrer plus avant qu'aucun de ses prédécesseurs.

Mais à peine a-t-il satisfait aux premiers besoins réels du peuple en fondant des caisses de retraite, des cités ouvrières, — que vous voilà déjà qui l'accusez d'être « plus socialiste que les plus rouges républicains. » — Ou rendez à ce mot sa véritable valeur en n'appelant plus Blanqui et ses adeptes que les thugs de la civilisation, ou, si vous le conservez à ces méchants, — n'en injuriez plus Louis-Napoléon, laissez-le désormais terminer sans oppositions cette tâche à peine commencée de réédification sociale, et, loin de venir entraver sa marche, songez que seul, peut-être, il peut nous sauver du cataclysme épouvantable d'une nouvelle révolution.

J'ai parlé précédemment de l'abolition des octrois, de l'impôt progressif, d'autres bruits que l'on fait courir , et qui paraissent soulever une indignation générale.

Nous avons, en France, cet immense malheur de ne jamais nous être occupés d'aucune étude d'économie politique, et cependant de tout juger *ex abrupto*.

Pour nous, tout ce qui de près ou de loin semble toucher aux droits d'entrées sur les productions originaires du sol, s'appelle l'abolition des octrois.

Cependant, l'empereur, que l'on n'accusera pas, à coup sûr, d'avoir été un farouche démagogue, fit appeler un jour M. le duc de Gaëte, son ministre des finances, et lui annonça son projet de supprimer non pas les octrois, mais les *droits réunis*.

— Sire, répondit M. le duc de Gaëte, il faudra réduire les cadres de l'armée de 100,000 hommes.

La France avait trop besoin de soldats, et les droits réunis furent conservés.

Cependant, à Sainte-Hélène, l'empereur disait lui-même qu'après 1815, « lorsque, selon ses expressions, — il n'était plus un conquérant, » ne pouvait plus l'être, alors qu'il ne se croyait plus qu'une mis-» sion : relever la France et lui donner un gouvernement de liberté » qui lui convienne, » — une des premières réformes qu'il eût apportées aurait été celle de la suppression des droits réunis.

La taxe sur la propriété, souvent confondue avec l'impôt progressif du parti rouge, est également loin d'être une mesure subversive, comme on paraît le supposer, et, qui plus est, dans un pays où certes les privilèges aristocratiques tiennent une large place, — en Angleterre. — si l'*income-tax*, proposée, en 1845, par sir Robert Peel, ne fut pas adoptée, ce fut grâce à une de ces oppositions parlementaires qui, chez nos voisins, comme chez nous, avait moins en vue l'intérêt du pays, que l'esprit de coterie qui voulait renverser le ministère.

Mais, beaucoup ne se donnent pas la peine de réfléchir, — et blâment de prime abord ; — d'autres, qui savent, affectent de ne pas comprendre. — C'est ainsi que j'ai entendu, au sujet des biens réunis à la dotation de la Légion-d'Honneur et de la nouvelle maison d'éducation créée pour les filles des militaires, parler sérieusement du régime du sabre et du despotisme militaire, qui bientôt allait revenir.

Je sais bien que certaines sentinelles perdues de la cause ont, en effet, la nuit, des hallucinations joyeuses, pendant lesquelles elles rêvent culotte de peau, sabredache et kolbac, — culotte de peau, pistolets d'arçons et carabine, — culotte de peau, sabre d'infanterie et latte de carabiniers, le tout prenant ses ébats, mollement étendu sur une litière de moustaches scalpées à la lèvre désormais vierge de ces infortunés pékins. — Mais il est permis à tous, à vous, comme à moi, de rire gaîment de ces joyeuses bouffonneries, sans pour cela croire un instant à la possibilité de la résurrection d'un despotisme guerrier, qui n'a pu exister que lorsqu'il se faisait excuser par 25 années de guerres, de batailles et de gloire.

L'armée, qui sort du peuple, doit y rentrer un jour ; — elle renferme donc en elle une des parties les plus vraies, les plus réelles de la population pauvre des villes et des campagnes. — Doter l'armée, c'est doter le peuple ; le pouvoir l'a bien compris, et c'est à ce titre qu'il lui a laissé une large place dans la répartition qu'il a faite des biens de la famille d'Orléans, avec une si remarquable sollicitude pour les intérêts de tous.

Que l'on ne dénature donc plus les intentions du prince Louis-Napoléon toutes les fois qu'il dotera la France d'une de ces réformes devenues nécessaires par le progrès des temps ; que, rendant plus de justice à la rectitude de son esprit, à la loyauté de son caractère, on accueille, comme elles doivent l'être, toutes les innovations qui, émanant de son gouvernement, ne sont jamais conçues que dans l'intérêt direct du pays.

VIII.

Jusqu'à présent, j'ai presque toujours affecté de m'expliquer uniquement sur les intentions du gouvernement, et, en général, j'ai fait abstraction de la personne même du chef de l'Etat.

Cependant, je me vois conduit à me départir un instant de ma réserve pour relever quelques-unes des appréciations erronées qui, attaquant les tendances personnelles de l'homme, rejaillissent en même temps sur la direction imprimée à la marche des affaires.

Rarement un homme placé dans des conditions aussi hautes, appelé à remplir des fonctions aussi importantes, s'est trouvé en butte à un système de calomnies absurdes et odieuses, poursuivi avec une telle persévérance. — Il ne m'appartient pas de relever toutes ces imputations ; — quelques-unes mêmes sont tellement basses, que ce n'est point avec la plume qu'il faudrait y répondre. Ce n'est donc qu'au seul point de vue des idées politiques du prince Louis-Napoléon que je me crois permis d'aborder ce sujet.

On a donné à la révolution de 1789 cette dénomination : — Révolution des faits.

La révolution de 1848, on l'a appelée : — la Révolution de l'idée.

Sans vouloir approfondir le plus ou moins de justesse de ces deux définitions, il n'en est pas moins évident pour moi que nous entrons dans une ère nouvelle de réformes et de modifications administratives.

Malheureusement pour nous, quelques intelligences brouillonnes, utopistes ou malintentionnées, se sont emparées les premières de cette conviction générale, et, outrepassant le but de beaucoup, ont jeté la perturbation dans tous les esprits. — Ils ont spéculé sur cette phrase si connue de Tacite : — *Semper in civitate, quibus opes nullæ sunt, bonis invident, malos extollunt, vetera odére, nova exoptant.*

Ils se sont enveloppés de ces grands mots de — réformes sociales, — de socialisme, — qui, jadis, étaient dans l'esprit de tous, puis, — à couvert derrière ce bouclier, ils ont essayé de jeter les bases de leurs théories ineptes d'égalités absurdes, de leurs théories infâmes de vol et de pillage.

Alors, tous les honnêtes gens, par une réaction facile à expliquer, et qui appartient à la nature humaine, — ont pris en horreur ces mêmes mots dont autrefois ils étaient les premiers à désirer la réalisation, — mais auxquels le parti qui les avait adoptés pour drapeau venait d'imprimer une flétrissure indélébile.

Aujourd'hui, ce parti est vaincu à tout jamais, grâce à l'énergie du prince.

Aujourd'hui, personne n'a plus rien à craindre des farouches exagérations des adeptes du communisme.

Le mal est coupé dans sa racine; — le bien seul reste encore à faire.

Ce besoin de réformes, qui existait depuis quelques années, n'est pas encore entièrement satisfait, et se refuser, à présent que l'heure du péril est passée, à des innovations justes et honnêtes, sous prétexte que ce serait, de près ou de loin, ressembler à du socialisme, — c'est agir absolument comme si, pour prévenir chez un homme le retour d'une indigestion, on le mettait à la diète jusqu'à la fin de ses jours.

Le prince Louis-Napoléon, élevé dans l'exil, grandi par le malheur, en tous temps, travailleur infatigable, a passé de longues années de sa vie à chercher la solution du problème des réformes populaires.

Lorsqu'il est arrivé au pouvoir, il avait acquis la triple expérience de l'âge, de l'infortune et du travail.

Doué d'une lucidité de jugement qui le distingue entre tous les hommes d'Etat, — énergique et prudent tout à la fois, le prince-président est sans contredit l'homme le mieux approprié à ces temps difficiles qui nous restent à traverser.

Toutes les questions d'économie politique, il les a profondément étudiées, il les a surtout largement comprises, — et, c'est avec la juste conviction de sa propre valeur, que, maître de lui-même, comme il est maître de ses moyens d'exécution, — il s'avance, plein de confiance, sur le terrain glissant des réformes.

Mais le prince Louis-Napoléon n'est pas seulement un économiste d'un talent transcendant, c'est encore un des publicistes les plus remarquables de notre époque. — Ses écrits sont empreints de cet esprit de logique rigoureuse, qui forme un des côtés les plus saillants de son caractère. — C'est ainsi que, dans divers ouvrages, — profondément pensés, — écrits avec une grande vigueur et un remarquable talent, — il traite les questions les plus opposées, — qu'il passe, avec un égal succès, de l'économie sociale à la stratégie militaire.

Depuis l'Empereur, jamais nous n'avons eu à la tête du gouvernement une intelligence aussi brillante, qui possédât en même temps des qualités aussi solides.

Les événements du 2 décembre ont porté un trop rude coup aux calomnies odieuses qui frappaient chaque jour le prince Louis-Napoléon, pour que désormais ses détracteurs les plus acharnés essayent à nier sa supériorité incontestable sur tous nos hommes d'Etat.

Ils ont alors inventé un mot nouveau dont il se font une arme à toutes les occasions.

— Le prince, disent-ils, subit les influences de son entourage.

Demandez-leur de préciser par un nom propre, et chacun citera

son adversaire politique, ou son ennemi personnel, si bien que —
« l'entourage » — prend vingt formes diverses, selon les affections
ou les haines de chaque opposant.

Comme toutes les natures exceptionnellement trempées, le prince
Louis-Napoléon est accessible aux conseils seuls, sans l'être jamais
à l'influence ; — et à Londres comme à Paris, tous ceux qui ont été
admis dans son intimité se sont bien vite aperçus que, quelle que fût
leur taille, ils étaient loin encore d'arriver jusqu'à lui.

Ce que l'on appelle l'entourage du prince, — ce que j'appellerai ses
fidèles, — se recrute parmi quelques illustrations, qui doivent leur
fortune à leur épée; — parmi quelques compagnons des jours d'exil
et de malheur.

Au nombre des hommes qui se sont associés aux immenses difficultés de la vie du prince Louis-Napoléon, deux surtout paraissent
se partager sa confiance et son affection. — J'ai nommé MM. Conneau et de Persigny.

M. le docteur Conneau occupe le premier rang au milieu de ce
petit nombre d'amis qui sont dévoués en dehors de toute consi-
dération politique. — On a pu lire dernièrement dans la *Vie de Louis-
Napoléon*, écrite par un homme de talent, qui a vainement essayé de
se déguiser sous le pseudonyme de *Barbier*, — on a pu lire, dis-je,
des détails touchants sur l'intimité du prince avec M. Conneau.

M. Conneau aime le prince sans pouvoir donner à cette affection
d'autre prétexte que cette affection elle-même.

M. de Persigny est, m'a-t-on dit, une intelligence ardente et dé-
vouée, qui s'est surtout attachée à l'intelligence du prince : il le sert
sans réserve, — toujours prêt à affronter les difficultés politiques.

Ces hommes, d'autres encore, — voilà l'entourage ; — et, mieux
que pas un, il pourrait dire si le premier conseiller du prince n'est
pas le prince lui-même.

Mais l'entourage, c'est la fidélité, le dévouement à toute épreuve;
— c'est l'ardente vigilance, — c'est le cœur qui se jette au devant
du poignard ; — et à tout prix, on voudrait l'écarter.

Quelle que soit l'évidence des faits, quelles que soient les
preuves que Louis-Napoléon donne chaque jour de sa modération,
de sa loyauté, de son patriotisme, la haine et l'envie grandissent
autour de lui; — et l'opposition déloyale des espérances déçues, des
vanités blessées, — frappe, à toute heure, de l'arme de la calomnie
celui qui, pour les sauver, jouait, il y a trois mois à peine, sa fortune
et sa vie.

Mais l'histoire et la postérité vengeront le prince Louis-Napoléon,
et nous nous rappellerons alors qu'il appartenait à cette catégorie
d'hommes de cœur, de science, de travail, qui sont destinés à être
payés par l'ingratitude de tout le bien qu'ils auront fait, et qu'il était
un des premiers parmi ceux dont Horace a dit :

> Urit fulgore suo, qui præfravat artes
> Infrà se positas, extinctus amabitur idem.

IX.

Le système hypocrite de fausse iudignation, de douleur mensongère que nous venons de voir mis en œuvre au sujet de la confiscation des biens de la famille d'Orléans, a été employé également lorsqu'il s'est agi des décrets de bannissement et de transportation.

En vertu de ce manque total de réflexion, si curieux à observer dans tous les actes de l'opposition, les frondeurs d'aujourd'hui, qui appartiennent à ce que l'on appelait il y a quelques mois le grand parti de l'ordre, ont oublié que s'apitoyer sur le sort de MM. Thiers, Changarnier, Leflô, Baze, etc., était en même temps prendre le deuil du bannissement de MM. Lagrange, Miot, *et tutti quanti.*

Cette folle conspiration de l'assemblée contre le pouvoir, qui a nécessité le coup d'Etat du 2 décembre, avait réuni les éléments les plus disparates, et l'on voyait figurer en tête les membres les plus avancés de la Montagne, rassemblant autour d'eux les députés royalistes et orléanistes. — Si donc le gouvernement a eu raison de faire justice tout à la fois de la constitution déloyale de 1848, des oppositions sans probité de la législative de 1852, — comment se refuser à comprendre que les conspirateurs de toutes les nuances étaient également ennemis du pouvoir auquel vous avez, en décembre, donné l'absolution de son coup d'Etat, en le sacrant d'un vote de sept millions et demi de suffrages.

Autant que M. Lagrange, M. Thiers s'était déclaré l'adversaire irréconciliable du gouvernement; — mais, plus que lui encore, il était dangereux à plus d'un titre, — et en bonne justice, ils n'ont ni l'un ni l'autre des droits bien acquis à notre compassion.

M. Lagrange s'était peu préoccupé de savoir si, en 1848, la république était bien de notre goût, — ne nous préoccupons donc guères de savoir aujourd'hui si l'exil est du sien.

M. Thiers s'est toujours déclaré le partisan quand même du fait accompli, — qu'il accepte donc le fait de décembre comme il a accepté les autres.

Mais cessons, — nous surtout, ce ridicule donquichottisme qui nous fait, à nos propres dépens, embrasser la cause de ces égoïstes politiques qui n'ont jamais été mus que par leur intérêt personnel, sans s'inquiéter de nos besoins ou même de nos désirs.

D'ailleurs, on ne peut se refuser à reconnaître que l'éloignement de tous les fauteurs de désordre et d'anarchie, à quelque parti qu'ils appartinssent, — était une absolue nécessité. — Pourquoi alors faire au Gouvernement un crime de son humanité, pourquoi lui reprocher de leur avoir donné l'air, le ciel, le soleil, un pays tout entier pour lieu de détention, lorsqu'il aurait pu les enfermer à Mazas ou au fort de Ham.

Mais, dit-on, nous nous plaignons surtout que ces mesures aient été prises sous le régime de l'état de siége, — ce qui leur donne un caractère de despotisme qui nous les fait réprouver sans même que nous ayons besoin de les approfondir et de les discuter.

Vous êtes bien toujours les mêmes, — argumentateurs sur la forme, épilogueurs sur les apparences. — Vous ressemblez à ces gens dont la maison brûle, et qui appellent les pompiers. — Les pompiers viennent, et, pressés par le danger, ils débarrassent brusquement la maison de vos meubles qui les gênent, de vos personnes qui nuisent à leurs manœuvres. — Alors, vous, qui brûliez sans eux, blessés de leurs formes un peu rudes, vous voulez rentrer de force et vous voilà qui assiégez la porte, les obligeant à combattre tout à la fois les progrès des flammes et vos propres attaques; — si bien que, le toit de l'édifice, miné par le feu, s'écroule, écrasant dans sa chute, — et vous, — et les pompiers.

L'état de siége est cependant bien plus débonnaire que les pompiers dont je parlais; — jamais il n'a gêné les besoins ou même les plaisirs de personne, — jamais il ne s'est opposé à vos soupers, à vos bals, et pas une femme ne peut prétendre qu'il l'ait empêchée de mettre ses plus beaux diamants une fois de moins que les années précédentes, — de décolleter ses épaules assez bas pour rendre très jaloux son mari ou ses amants.

Et cependant, une des oppositions les plus ardentes, les plus entêtées, est à coup sûr celle que font les femmes. — La plus belle moitié du genre humain se fait volontiers l'écho, — je dirais presque la trompette, — des nouvelles les plus exagérées, les plus dénuées de sens commun.

Dans un salon, les femmes, voire même les plus jeunes, forment un petit cénacle dans lequel on entend l'amalgame le plus étrange de mots fort spirituels, fort méchants et d'appréciations absurdes au dernier chef.

Mon Dieu ! pourquoi ? — Elles ne le savent guères, mais cela les amuse, disent-elles : — et que ne fait-on pas pour s'amuser !

La question de l'état de siége, un des actes les moins discutables assurément du nouveau gouvernement, est cependant le grand cheval de bataille des bas-bleus de la politique. — Beaucoup de femmes, se croyant appelées, sans doute, à renouveler les beaux temps de madame de Staël, ne dédaignent pas aujourd'hui d'ébaucher un petit premier-Paris qui prend sa place entre un éloge de Palmyre et la narration plus ou moins apocryphe de quelques faits galants attribués à n'importe laquelle d'une des *dames aux camélias*.

Si l'on devait prendre au sérieux ces mignardes oppositions, on rappellerait, entre autres choses qu'après 1830, le système de douceur employé par le roi Louis-Philippe pour calmer les mauvaises passions, nous traîna, deux années de suite, de crises en crises, — d'émeutes en émeutes. — Si, à cette époque, l'état de siége eût été proclamé et maintenu, que d'agitation, que de sang on eût épargnés !

Je pourrais citer encore vingt autres griefs de l'opposition, tous aussi peu justes, aussi peu logiques que ceux que je viens d'effleurer.

Mais, je le disais en commençant, — je n'ai point voulu entamer de polémique, et lorsque, par hasard, je me suis laissé entraîner à la discussion, je suis sorti de mon sujet. — Je n'ai pas voulu combattre la passion à coups de dilemmes et d'aphorismes, — j'ai voulu tout simplement causer avec le sens commun.

Bien des choses qui ne sont qu'indiquées auraient dû être développées si j'eusse fait de la dialectique, — mais il m'a semblé que, ne faisant pas appel à la science, — seulement au bon sens, il était inutile de rentrer dans cette forme aride des raisonnements sophistiques, ou dans cette autre forme, également ennuyeuse, des appréciations politiques, vieilles déjà de plusieurs semaines et répétées vingt fois de la même façon.

Ici donc, je bornerai ma tâche, et il ne me reste plus qu'à résumer en quelques mots la pensée que j'ai essayé de faire comprendre en écrivant ces pages.

X.

Je l'ai dit en commençant, l'opposition des salons est injuste, en même temps qu'elle est inintelligente.

Hier encore, elle ne se manifestait que par quelques mots plus ou moins spirituels décochés çà et là, et son importance était de peu de valeur. — Aujourd'hui, passant des paroles aux actes, elle vient d'essayer ce qu'elle appelle une protestation, en envoyant au corps législatif MM. Cavaignac et Carnot !

Mais, dira-t-on, sur neuf candidats présentés par le Gouvernement, sept ont passé, et cette opposition, que vous faites si puissante, n'a réussi qu'à avoir la majorité pour l'un et à balancer l'élection de l'autre.

D'abord, où était cette nécessité si grande d'envoyer au corps législatif MM. Cavaignac ou Carnot ?

Mais je me plains moins du résultat en lui-même que des symptômes qu'il fait présager.

— 308,495 électeurs environ étaient inscrits.

— 212,518 seuls ont voté.

C'est donc à 95,977 déjà que je reprocherai leur tiédeur, leur faiblesse ou leur mauvais vouloir.

L'opposition a donc détourné, cette fois encore de leurs devoirs, un nombre considérable d'électeurs.

— Où nous conduira une pareille marche ?

Tenez, laissez-moi vous raconter l'histoire d'un homme qui s'était endormi le 1er décembre 1851.

Il avait laissé la France tout entière douloureusement attentive aux débats de l'Assemblée législative, et regardant avec stupeur cette coalition de tous les partis qui semblaient s'être réunis dans le but unique de précipiter la France dans l'abîme.

Le commerce était mort, la saison du jour de l'an était aussi improductive que celle de 1849 ; — chacun songeait avec effroi à la terrible solution qui terminerait cette crise, — et la voix du socialisme bruissait dans les airs cette date fatale de 1852 comme le glas de toutes les espérances.

Cet homme s'est réveillé aujourd'hui, 6 mars. En sortant, il rencontre un bourgeois, jadis gras et fleuri, mais qu'il connaissait, depuis 1848, maigre et jaune à faire peur.

Il l'avait laissé en proie à un frisson et à un tremblement perpétuel ; — il le retrouve frais et rebondi comme par le passé : — Il l'aborde et lui demande, tout surpris, les détails de cette cure désespérée par tous, qui a eu lieu pendant son sommeil.

— C'est que — vous ne savez pas ! — le Président a mis la chambre à la porte !

— Ah ! bah ! — et qu'est-ce que vous avez dit ?

— J'ai crié bravo, parbleu !

— Et puis ?

— Alors il a demandé si le pays voulait lui confier le pouvoir pendant dix ans, offrant, du reste, de laisser sa place à un plus digne si l'on en trouvait un. — Vous pensez bien qu'il n'y avait qu'une réponse à faire ; c'était de le nommer à une majorité plus immense encore que la première fois. — C'est ce que j'ai fait.

— Et le socialisme ?

— Mort, disparu, écrasé en bataille rangée !

— Et comment vont les affaires ?

— Mais elles vont très bien, vous voyez, j'engraisse à vue d'œil, je reviens à mes beaux jours. — Les fonds ont dépassé le pair, — le commerce reprend, — vous pouvez voir, les théâtres sont pleins, des files d'équipages conduisent au bal des femmes étincelantes de parure ! — Vous savez bien, ces lignes de chemins de fer que l'on ne pouvait parvenir à concéder à n'importe qui ; — personne n'en voulait !

— Eh bien ?

— Après le coup d'Etat, dix compagnies se sont présentées, et l'adjudication a eu lieu avec 14 millions de bénéfice !

— Alors cela marche comme sur des roulettes ?

— Positivement !

— Et vous êtes content ?

— Moi ! allons donc ! — très mécontent !

— Qu'y a-t-il donc ?

— Ah ! dam ! vous comprenez, on a violé la constitution en faisant un coup d'Etat.

— Mais, mon bon ami, généralement, quand on fait un coup d'Etat, on viole toujours quelque chose. — Et puis, est-ce que vous n'avez pas renommé le Président de votre plein gré ?

— C'est égal, je l'ai renommé, mais je suis mécontent qu'il ait violé la constitution. — Il nous en a donné une meilleure, c'est vrai, mais il ne fallait pas qu'il violât l'autre.

— Sont-ce là toutes vos bonnes raisons de mécontentement ?

— Oh ! non ! — Il a confisqué les biens de la famille d'Orléans au profit des classes ouvrières, de l'armée et des desservants pauvres.

— Tous les biens ?

— Non, sans doute ! quarante millions à peine, et il reste encore à la famille 125 millions.

— Ce me paraît être alors un bénéfice tout clair pour le pays, et ce n'est pas un grand malheur pour la maison d'Orléans.

— Oui! — je sais bien, — mais cela me fâche.

— Vous étiez donc bien attaché à la famille d'Orléans?

— Moi! pas du tout! — puisqu'en 1848 j'ai laissé mettre le roi Louis-Philippe à la porte, sans seulement protester.

— Eh bien! alors?

— Oui! à la vérité, la confiscation ne blesse ni mes affections, ni ma morale, — j'y ai même un intérêt évident; — mais, malgré cela, je suis très mécontent de la mesure, — et j'ai beaucoup d'autres motifs comme ceux-là.

— C'est bien! ne me les dites pas.

Après quelques instants de silence employés à se frotter les mains l'une contre l'autre avec un air de jubilation, le bourgeois reprend:

— A propos, nous venons d'avoir l'élection au corps législatif.

— Et pour qui avez-vous voté?

— Pour le candidat de l'opposition, évidemment!

— Et vous avez eu le dessus?

— Non, nous avons été battus; nous n'avons pu faire passer que deux des nôtres; — Mais nous nous consolons en pensant que notre défaite est encore une protestation. — Il y a surtout une nomination que je regrette, celle du docteur Véron.

— C'est apparemment parce que M. Véron, qui jusques il y a quelques années s'était contenté d'être un homme de beaucoup d'esprit, s'est décidé à devenir un écrivain de beaucoup de talent, et qu'il a rendu, par sa plume et sa fortune, des services que nul autre n'aurait pu rendre. — Voyons, sérieusement, puisque tout va bien, — puisque vous rengraissez, pourquoi faites-vous de l'opposition?

— Parce que je suis mécontent.

— J'entends bien! — Mais pourquoi êtes-vous mécontent?

— Ah! dam! — parce que je fais de l'opposition!

— Décidément, vous êtes fou!

— Non! je suis bourgeois!

— Mais, en envoyant au Corps législatif ces hommes que vous avez vus pendant trois ans, lutter entre eux et de mauvais vouloir contre tout ce qui se faisait de bien, de juste, d'utile, de raisonnable; — apporter dans les discussions un esprit de parti odieusement égoïste; créer chaque jour de nouveaux embarras au gouvernement, — vous ouvrez la porte aux mauvaises passions qui viennent d'être maîtrisées avec un si rare bonheur, avec une si prodigieuse habileté. — Et êtes-vous sûr que le pouvoir qui vient de vous sauver du péril pourra une seconde fois recommencer cette gigantesque tâche?

En un mot, songez donc que, si vous aviez réussi à créer au corps législatif un nouveau foyer d'intrigues et d'oppositions, c'était tout remettre en question, — votre salut personnel, à vous, bourgeois, — et le salut de la France.

— Je sais tout cela, — mais je suis mécontent; — j'ai voté contre le gouvernement, et je ferai de l'opposition.

Puis le bourgeois et le dormeur se séparèrent, l'un, se frottant toujours les mains, allait colporter un faux bruit; — l'autre allait se recoucher.

On dit que, depuis cette conversation, le dormeur a le cauchemar, et que, dans son sommeil agité, il murmure toujours ces mots :—

— Crétin de bourgeois !

Cette histoire, c'est la vôtre, à vous tous qui faites de l'opposition, qui envoyez au corps législatif des députés hostiles au gouvernement.

Sous l'ancien régime parlementaire, alors que les ministres responsables, appartenant à la chambre, lui rendaient compte directement de la ligne politique qu'ils suivaient, il était concevable que ceux qui craignaient les empiétements du pouvoir voulussent créer, dans le sein même de l'assemblée, une opposition qui pût au besoin servir de modérateur.

Mais le régime parlementaire n'existe plus ; le corps législatif n'a pas d'action sur le ministère, qui ne relève que du chef de l'État ; enfin il n'y a plus de prétexte à une opposition de ce genre.

Ce mandat, que vous confiez à des hommes réputés adversaires du pouvoir, ne peut avoir d'autre signification que celle-ci :

Nous voulons que vous prépariez le retour de l'une des deux monarchies.

Mais alors, si vous voulez rendre le trône à un prétendant, soit au comte de Chambord, soit au prince de Joinville, que ne l'avez-vous fait lors des élections de décembre ?

Evidemment, ce ne sont point les actes du gouvernement qui ont pu, — en moins de trois mois, — changer ainsi du tout au tout l'esprit qui vous a dicté le vote du 20 décembre ?

Lorsque j'ai essayé de prouver l'injustice de votre mécontentement, je n'ai parlé que des mesures que vous blâmiez sans motifs réels, — tandis que je me suis abstenu de citer tous les actes utiles auxquels vous êtes obligés de rendre vous-mêmes justice, et dont je pourrais former une longue liste.

Le gouvernement n'a donc rien fait pour démériter de votre confiance ; — tout ce qu'il a promis, il l'a largement et loyalement tenu.

Où sont les pouvoirs qu'il a usurpés ?

Où sont les actes de mauvaise administration qu'il a commis ?

Qu'a-t-il fait, enfin, qui n'ait un but d'utilité pour le pays comme pour toutes les classes de la société ?

Quittez donc à tout jamais ce rôle de mécontents obstinés qui nous a si malheureusement réussi depuis quarante ans. — Revenez à la raison, à la vérité, à ce que je pourrais appeler l'honnêteté politique.

Que les malheurs de nos pères, — que les nôtres, servent enfin à notre éducation, et désormais prenons pour devise cette phrase de Salluste :

Firmanda sunt concordiâ bona, et discordiæ mala expellenda!

Paris. — Imprimerie de DUBUISSON, rue Coq-Héron, 5.